SUPERSCHNELLES KUCHENGLÜCK

CHRISTINA HEß

SUPERSCHNELLES KUCHENGLÜCK

Kuchen und mehr ohne Aufwand

JAN THORBECKE VERLAG

VERLAGSGRUPPE PATMOS

PATMOS
ESCHBACH
GRÜNEWALD
THORBECKE
SCHWABEN
VER SACRUM

Die Verlagsgruppe
mit Sinn für das Leben

Für dich, Papa. Ich vermisse dich.

Die Verlagsgruppe Patmos ist sich ihrer Verantwortung gegenüber unserer Umwelt bewusst. Wir folgen dem Prinzip der Nachhaltigkeit und streben den Einklang von wirtschaftlicher Entwicklung, sozialer Sicherheit und Erhaltung unserer natürlichen Lebensgrundlagen an. Näheres zur Nachhaltigkeitsstrategie der Verlagsgruppe Patmos auf unserer Website www.verlagsgruppe-patmos.de/nachhaltig-gut-leben

Verlagsgruppe Patmos in der Schwabenverlag AG, Ostfildern
www.thorbecke.de

Gestaltung: Finken & Bumiller, Stuttgart
Fotos: Christina Heß
Druck: Finidr s.r.o., Český Těšín
Hergestellt in Tschechien
ISBN 978-3-7995-1558-0

FSC www.fsc.org MIX Papier aus verantwortungsvollen Quellen FSC® C014138

Klimaneutral Druckprodukt
ClimatePartner.com/14549-2003-1001

INHALT

VORWORT

Meine lieben Leser. In meinem nunmehr fünften Buch soll es um alles gehen, was man schnell und einfach zaubern kann – vielleicht sogar wie bei mir, mit einem Kleinkind auf der Hüfte und eigentlich viel zu wenig Zeit. Auch ich liebe schnelle Kuchen und Gebäcke; aber bitte nehmt euch eines zu Herzen: Nie unter Zeitdruck und im Stress backen. In den meisten Fällen geht das schrecklich schief und ihr seid hinterher noch gestresster als vorher statt einen leckeren Kuchen in der Hand zu halten. Ich habe hier mein Bestes gegeben, um euch Kniffe und Tricks zu zeigen, wie man mit wenig Aufwand leckere Dinge auf den Kaffeetisch bringt – teilweise müsst ihr wirklich nur Zutaten zusammenrühren und ab damit in den Ofen.

Aber einen Endgegner hat man ja meistens, wenn man kurzentschlossen etwas backen will: kühlschrankharte Butter. Daher hier meine vier Top-Tipps, um die Butter weich zu bekommen:

1. Die Butter rechtzeitig einige Stunden vor dem Backen (vielleicht auch schon am Abend zuvor) herauslegen.
2. Die Butter längs halbieren, hochkant auf ein Tellerchen stellen und ein mit heißem Wasser vorgewärmtes großes Cocktailglas darüberstellen und dort 10 Minuten belassen.
3. Die Butter in kleine Stücke schneiden und benutzen.

Und last but not least:

4. Die Butter einfach in einem kleinen Topf auf dem Herd oder in einer Schüssel in der Mikrowelle schmelzen.

Keine Angst. Traut euch, eure Butter zu schmelzen, die Butter, den Zucker und die Eier nicht erst vorher aufzuschäumen und alle Zutaten gemeinsam zu vermengen. Bei der Recherche für dieses Buch und dem ganzen Probebacken habe ich nämlich eines festgestellt: Die Kuchen werden genauso gut. Ob ich nun 15 Minuten damit verbringe, den Teig nach und nach zu rühren oder alles sofort miteinander vermenge (es gibt wirklich nur wenige Ausnahmen ...). Ich habe auch einige Rezepte mit ins Buch genommen, für die ihr kein Mehl, keine Butter etc. benötigt. Denn manchmal, ja manchmal hat man das eben gerade nicht daheim. Aber auch das ist jetzt für euch kein Problem mehr!

Und jetzt ran an den Ofen und lecker genießen!

Eure

Christina

CAKEY BROWNIES

Und hier, geneigte Leser, präsentiere ich euch: die Seelentrösterbrownies.

20–25 CM

Für eine Form 20 × 20 bis 25 × 25 cm

ZUBEREITUNGSZEIT:
CA. 15 MINUTEN
BACKZEIT:
20 MINUTEN

Zutaten

150 G ZARTBITTERSCHOKOLADE
75 G BUTTER
30 G ZUCKER
2 EIER
4 EL MILCH
100 G MEHL
¼ TL GEMAHLENE VANILLE
1 TL NATRON
1 TL BACKPULVER
1 PRISE SALZ
100 G ZARTBITTER-SCHOKOLADENSTREUSEL

Außerdem

VANILLEEIS UND FRISCHE BEEREN

ZUBEREITUNG

1. Als Erstes die Zartbitterschokolade in Stücke brechen und mit der Butter und dem Zucker zusammen in einen Topf geben und bei mittlerer Hitze schmelzen (nicht aufkochen lassen!). Immer mal wieder verrühren und nebenbei die restlichen Zutaten abwiegen.
2. Dann den Topf vom Herd nehmen und die Eier unterrühren. Die restlichen Zutaten hinzugeben und mit einem Silikonspatel verrühren.
3. Den Ofen auf 200 °C Ober- und Unterhitze vorheizen.
4. Die Form unten mit einem Stück Backpapier auslegen. Die Masse nun hineingeben, glattstreichen und im Ofen ca. 20 Minuten backen. Garprobe machen und, wenn sie genug gebacken sind, aus dem Ofen nehmen und etwas auskühlen lassen. Am besten noch lauwarm mit Vanilleeis und frischen Beeren servieren.

FUDGY BROWNIES

Manche sagen, das seien die besten Brownies der Welt. Entscheidet selbst!

20–25 CM

Für eine Form 20 × 20 bis 25 × 25 cm

ZUBEREITUNGSZEIT:
CA. 15 MINUTEN
BACKZEIT:
30 MINUTEN

Zutaten

200 G ZARTBITTERSCHOKOLADE
200 G BUTTER
200 G ZUCKER
4 EIER
1 EL BACKKAKAO
¼ TL GEMAHLENE VANILLE
100 G MEHL
1 PRISE SALZ
100 G ZARTBITTER-SCHOKOLADENSTREUSEL

ZUBEREITUNG

1. Als Erstes die Zartbitterschokolade in Stücke brechen und mit der Butter und dem Zucker zusammen in einen Topf geben und bei mittlerer Hitze schmelzen (nicht aufkochen lassen!). Immer mal wieder verrühren und nebenbei die restlichen Zutaten abwiegen.
2. Dann den Topf vom Herd nehmen und die Eier unterrühren. Die restlichen Zutaten hinzugeben und mit einem Silikonspatel verrühren.
3. Den Ofen auf 200 °C Ober- und Unterhitze vorheizen.
4. Die Form unten mit einem Stück Backpapier auslegen. Die Masse nun hineingeben, glattstreichen und im Ofen ca. 30 Minuten backen. Garprobe machen und, wenn sie genug gebacken sind, aus dem Ofen nehmen und etwas auskühlen lassen.

DINER-STYLE-BLAUBEERMUFFINS

Muffins mit nur 5 Minuten Zubereitungszeit? Ja, bitte!

12 MUFFINS

Für 12 Muffins

ZUBEREITUNGSZEIT:
CA. 5–10 MINUTEN
BACKZEIT:
30 MINUTEN

Zutaten

350 G MEHL
3 TL BACKPULVER
1 PRISE SALZ
200 G ZUCKER
¼ TL GEMAHLENE VANILLE
250 ML BUTTERMILCH
100 ML SONNENBLUMENÖL
2 EIER
200–250 G BLAUBEEREN (FRISCH ODER TK)

Außerdem

12 TL BRAUNER ZUCKER

ZUBEREITUNG

1. Den Ofen auf 220 °C Heißluft (oder alternativ Ober- und Unterhitze) vorheizen.
2. Nun das Mehl mit dem Backpulver, dem Salz, dem Zucker und der Vanille in einer Rührschüssel vermengen. Danach die Buttermilch und das Sonnenblumenöl in einem gemeinsamen Messbecher abmessen und die Eier ebenfalls hinzugeben. Die feuchten Zutaten vermengen und zu den trockenen Zutaten in die Schüssel geben. Gerade so mit einem Silikonspatel vermengen. Die Blaubeeren hinzugeben und unterheben.
3. Den Teig nun auf die Mulden eines mit Muffinförmchen ausgelegten Muffinblechs aufteilen. Bei jedem Muffin noch ca. 1 TL braunen Zucker darauf verteilen. Das Blech in den Ofen schieben und die Temperatur auf 180 °C Heißluft (alternativ Ober- und Unterhitze) herunterdrehen. Die Muffins nun 30 Minuten backen. Garprobe machen und aus dem Ofen nehmen. Sie schmecken am Tag des Backens am besten – wegen der knackigen Zuckerkruste. Man kann sie aber auch am nächsten Tag im Ofen nochmal 10 Minuten bei 180 °C Heißluft aufbacken.

SCHOKOLADEN-KUCHEN OHNE MEHL

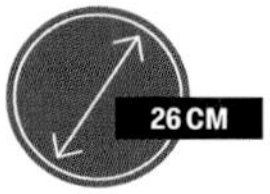

Für eine Springform mit 26 cm

ZUBEREITUNGSZEIT:
CA. 15 MINUTEN
BACKZEIT:
30 MINUTEN

Zutaten

200 G ZARTBITTERSCHOKOLADE
120 G BUTTER
4 EIER
100 G ZUCKER
50 G GEMAHLENE MANDELN
1 EL SPEISESTÄRKE

Außerdem

ETWAS GESCHLAGENE SAHNE UND EVENTUELL FRISCHE BEEREN

Schokoladig, saftig, gut.
Darf's noch ein Stück sein?

ZUBEREITUNG

1. Den Backofen auf 180 °C Ober- und Unterhitze vorheizen.
2. Die Schokolade und die Butter zusammen in einem Topf bei wenig Hitze schmelzen. Parallel dazu die Eier und den Zucker in eine Rührschüssel geben und cremig aufschlagen, bis das Volumen der Masse deutlich zunimmt. Die geschmolzene Schokolade, die Mandeln und die Speisestärke hinzugeben und unterheben.
3. Eine Springform mit Backpapier auslegen und die Masse hineinfüllen. Den Kuchen nun ca. 30 Minuten backen (der Kuchen sollte in der Mitte noch etwas weich sein). Abgekühlt mit etwas geschlagener Sahne und eventuell frischen Beeren servieren.

ZITRONEN-MOHN-MUFFINTOPS

12 COOKIES

Für ca. 12 Cookies

ZUBEREITUNGSZEIT:
CA. 10 MINUTEN
BACKZEIT:
11 MINUTEN

Zutaten

200 G WEICHE BUTTER
150 G ZUCKER
1 EI
400 G MEHL
¾ PK. BACKPULVER
100 ML BUTTERMILCH
ABRIEB VON 1 BIO-ZITRONE
1–2 EL MOHN

Außerdem

6 EL PUDERZUCKER
CA. 1 EL MILCH ODER ZITRONENSAFT (OPTIONAL)

Wer erinnert sich an die Serie, die in Stars Hollow spielt und in der Muffintop-Kuchen geliebt wurden? (Kleiner Tipp für alle Nicht-Fans: Es geht um die „Gilmore Girls".) Ohne Zweifel ist das Obere vom Muffin auch das Beste. Also backen wir heute nur das!

ZUBEREITUNG

1. Den Ofen auf 200 °C Ober- und Unterhitze vorheizen.
2. Alle Zutaten in eine Schüssel geben und zu einem glatten Teig vermengen. Den Teig nun mit einem Eisportionierer portionsweise auf ein mit Backpapier ausgelegtes Backblech geben; immer genügend Abstand zum nächsten Klecks lassen. Das Blech dann in den Ofen schieben und die Muffintops ca. 11 Minuten backen. Aus dem Ofen nehmen und auf einem Auskühlgitter etwas auskühlen lassen.
3. Vor dem Servieren mit etwas Puderzucker bestreuen oder aus dem Puderzucker mit der Milch oder dem Zitronensaft einen Guss herstellen und die Muffintops damit verzieren.

BANANEN-PEKAN-MUFFINTOPS

Nicht nur für kleine Händchen unwiderstehlich …

12 COOKIES

Für ca. 12 Cookies

ZUBEREITUNGSZEIT:
CA. 10 MINUTEN
BACKZEIT:
11 MINUTEN

Zutaten

1 REIFE BANANE
200 G WEICHE BUTTER
150 G ZUCKER
1 EI
400 G MEHL
¾ PK. BACKPULVER
100 ML BUTTERMILCH
CA. 50 G PEKANNUSSKERNE
50 G SCHOKOLADENTROPFEN

ZUBEREITUNG

1. Den Ofen auf 200 °C Ober- und Unterhitze vorheizen.
2. Die Banane mit einer Gabel zerdrücken. Alle Zutaten in eine Schüssel geben und zu einem glatten Teig vermengen. Den Teig nun mit einem Eisportionierer portionsweise auf ein mit Backpapier ausgelegtes Backblech geben; immer genügend Abstand zum nächsten Klecks lassen. Das Blech dann in den Ofen schieben und die Muffintops ca. 11 Minuten backen. Aus dem Ofen nehmen und auf einem Auskühlgitter etwas auskühlen lassen.

Tipp

Wer mag, kann die Muffintops noch mit Zuckerguss (Rezept Seite 17) und einer Pekannuss verzieren.

OHNE BUTTER

ZITRONEN-OLIVENÖL-KUCHEN

Keine Butter im Haus, aber Lust auf Kuchen? Kein Problem. Einer der luftigsten und weichsten Kuchen überhaupt kommt zur Rettung.

24–26 CM

Für eine Springform mit 24–26 cm

ZUBEREITUNGSZEIT:
CA. 5–10 MINUTEN
BACKZEIT:
CA. 50 MINUTEN

Teig

3 EIER
280 ML OLIVENÖL
250 ML MILCH
300 G ZUCKER
300 G MEHL
2 TL BACKPULVER
1 PRISE SALZ
2 BIO-ZITRONEN

Guss

250 G PUDERZUCKER
3 EL ZITRONENSAFT
2 EL MILCH
¼ TL GEMAHLENE VANILLE

ZUBEREITUNG

1. Für diesen Kuchen zuerst die Eier, das Olivenöl und die Milch in einem Messbecher zusammen vermengen. Zucker, Mehl, Backpulver und Salz in eine Rührschüssel geben und vermengen. Die Zitronenschale in die trockenen Zutaten reiben und den Saft auspressen. Den Saft noch zu den feuchten Zutaten hinzufügen und diese in die Schüssel geben. Alles vermengen, bis ein glatter Teig entstanden ist.
2. Den Ofen auf 180 °C Ober- und Unterhitze vorheizen und den Kuchen darin ca. 50 Minuten backen. Garprobe machen und auskühlen lassen.
3. Die Zutaten für den Guss verrühren, über den Kuchen gießen und genießen.

VANILLE-OLIVENÖL-KUCHEN MIT SAHNE UND ERDBEEREN

OHNE BUTTER

24–26 CM

Für eine Springform mit 24–26 cm

ZUBEREITUNGSZEIT:
CA. 5–10 MINUTEN (KUCHEN) + CA. 5 MINUTEN (SAHNE AUFSCHLAGEN)
BACKZEIT: 50 MINUTEN

Teig

3 EIER
280 ML OLIVENÖL
250 ML MILCH
300 G ZUCKER
300 G MEHL
2 TL BACKPULVER
1 PRISE SALZ
½ TL GEMAHLENE VANILLE

Topping

200 ML SCHLAGSAHNE
1 PK. SAHNESTEIF
¼ TL GEMAHLENE VANILLE
CA. 200 G ERDBEEREN

Das hier ist der Kuchen, von dem jeder träumt: fluffiger Kuchen, cremige Sahne und fruchtige Erdbeeren …

ZUBEREITUNG

1. Für diesen Kuchen zuerst die Eier, das Olivenöl und die Milch in einem Messbecher zusammen vermengen. Zucker, Mehl, Backpulver, Salz und Vanillepulver in eine Rührschüssel geben und vermengen. Die flüssigen Zutaten in die Schüssel geben und alles vermengen, bis ein glatter Teig entstanden ist.
2. Den Ofen auf 180 °C Ober- und Unterhitze vorheizen und den Kuchen darin ca. 50 Minuten backen. Garprobe machen und auskühlen lassen.
3. Für das Topping die Sahne mit dem Sahnesteif und der Vanille steif aufschlagen, auf dem Kuchen verteilen (dafür muss er ausgekühlt sein) und mit den geputzten Erdbeeren belegen.

NUSS-OLIVENÖL-KUCHEN MIT ZIMTGLASUR

OHNE BUTTER

24–26 CM

Für eine Springform mit 24–26 cm

ZUBEREITUNGSZEIT:
5–10 MINUTEN
BACKZEIT:
CA. 50 MINUTEN

Teig

3 EIER
280 ML OLIVENÖL
250 ML MILCH
300 G ZUCKER
300 G MEHL
2 TL BACKPULVER
1 PRISE SALZ
200 G GEMAHLENE HASELNÜSSE

Guss

250 G PUDERZUCKER
5 EL MILCH
¼ TL GEMAHLENE VANILLE
1 TL ZIMT
GANZE UND GEHACKTE HASELNÜSSE (OPTIONAL)

Dieser Kuchen schreit geradezu „Herbst".

ZUBEREITUNG

1. Für diesen Kuchen zuerst die Eier, das Olivenöl und die Milch in einem Messbecher zusammen vermengen. Zucker, Mehl, Backpulver, Salz und Haselnüsse in eine Rührschüssel geben und vermengen. Die flüssigen Zutaten in die Schüssel geben und alles vermengen, bis ein glatter Teig entstanden ist.
2. Den Ofen auf 180 °C Ober- und Unterhitze vorheizen und den Kuchen darin ca. 50 Minuten backen. Garprobe machen und auskühlen lassen.
3. Für den Guss die Zutaten vermengen und über den Kuchen geben. Nach Geschmack noch mit ganzen und gehackten Haselnüssen verzieren.

OHNE BUTTER

MAGISCHER KUCHEN 1 TEIG – 3 SCHICHTEN

Einer der interessantesten Kuchen in meinem Repertoire – und gerade deswegen besonders lecker.

26 CM

Für eine Springform mit 26 cm

ZUBEREITUNGSZEIT:
CA. 10 MINUTEN
BACKZEIT:
50 MINUTEN

Zutaten

4 EIER
1 PRISE SALZ
100 G ZUCKER
1 EL HEISSES WASSER
500 ML MILCH
125 ML SONNENBLUMENÖL
1 TL GEMAHLENE VANILLE
110 G MEHL
PUDERZUCKER ZUM BESTÄUBEN (OPTIONAL)

ZUBEREITUNG

1. Als Erstes die Eier trennen und das Eiweiß mit dem Salz steif schlagen. Aus der Rührschüssel nehmen und beiseitestellen. In derselben Rührschüssel nun die Eigelbe und den Zucker mit dem heißen Wasser so lange aufschlagen, bis die Masse schaumig wird und die Farbe ändert. Dazu nun die Milch und das Öl, die Vanille und das Mehl geben und verrühren. Den Eischnee unterheben und die Masse in eine mit Backpapier ausgelegte Springform geben (die Form muss dicht sein!).
2. Den Ofen auf 160 °C Ober- und Unterhitze vorheizen. Den Kuchen nun 50 Minuten backen. Man kann ihn lauwarm essen – allerdings schmeckt er besser, wenn er gekühlt wurde (ca. 2 Stunden im Kühlschrank). Eventuell mit etwas Puderzucker bestäuben vor dem Servieren.

OHNE BUTTER

NO-FAIL-OBSTBODEN

1 TORTENBODEN

Für 1 Obstboden/ Tortenboden

ZUBEREITUNGSZEIT:
5 MINUTEN (BODEN)
+ CA. 10 MINUTEN (BELAG)
BACKZEIT:
15 MINUTEN

Zutaten

2 EIER
6 EL SONNENBLUMENÖL
6 EL MILCH
6 EL ZUCKER
6 EL MEHL
½ PK. BACKPULVER

Außerdem

BUTTER UND PANIERMEHL FÜR DIE FORM
OBST NACH WAHL
1 PK. TORTENGUSS
SCHLAGSAHNE ZUM SERVIEREN (OPTIONAL)

Pssst … Ein jetzt nicht mehr so geheimes Familienrezept meiner Mutter. Klappt jedes Mal!

ZUBEREITUNG

1. Alle Zutaten nacheinander in eine Rührschüssel geben und zu einem glatten Teig verrühren.
2. Den Ofen auf 180 °C Ober- und Unterhitze vorheizen.
3. Eine Obstbodenform/Tortenbodenform mit Butter einfetten und mit Paniermehl bestäuben. Den Teig nun in die Form füllen und verlaufen lassen. Die Form in den Ofen stellen und 15 Minuten backen. Danach herausnehmen, abkühlen lassen und vorsichtig stürzen.
4. Nach dem Erkalten mit Obst nach Wahl belegen (ich verstreiche vorher gerne 1 EL Nuss-Nugat-Creme auf dem Boden, dann weicht er nicht durch) und Tortenguss nach Packungsanweisung zubereiten. Diesen über das Obst geben und erstarren lassen. Eventuell mit etwas Schlagsahne servieren.

SAFTIGER NUSSKUCHEN

20 CM

Für eine runde 20er-Backform

ZUBEREITUNGSZEIT:
5–10 MINUTEN
BACKZEIT:
30 MINUTEN

Zutaten

125 G WEICHE BUTTER + ETWAS FÜR DIE FORM
100 G ZUCKER
¼ TL GEMAHLENE VANILLE
2 EIER
80 ML MILCH
100 G GEMAHLENE HASELNÜSSE
200 G MEHL
½ PK. BACKPULVER
1 PRISE SALZ

Guss (optional)

200 G ZARTBITTERKUVERTÜRE
CA. 40 G GANZE HASELNÜSSE

Wenn ich jemandem etwas Gutes tun möchte, ist das der Kuchen meiner Wahl. Saftig, nussig, lecker.

ZUBEREITUNG

1. Alle Zutaten in eine Rührschüssel geben und zu einem glatten Teig vermengen.
2. Den Ofen auf 180 °C Ober- und Unterhitze vorheizen.
3. Die Backform ausfetten und den Teig hineinfüllen. Die Form in den Ofen stellen und ca. 30 Minuten backen. Garprobe machen. Den Kuchen in der Form abkühlen lassen, dann stürzen und, wenn gewünscht, noch mit geschmolzener Zartbitterkuvertüre übergießen und ganze Haselnüsse darauf verteilen.

Tipp

Für 1 Kastenform das Rezept verdoppeln; die Backzeit ebenso.

LOCKDOWN-BANANENBROT

Wir erinnern uns alle daran, dass im ersten Coronalockdown 2020 jeder Bananenbrot gebacken hat, oder? Hier mein absolutes Lieblingsrezept.

1 FORM

Für 1 Kastenform

ZUBEREITUNGSZEIT:
5 MINUTEN
BACKZEIT:
45–50 MINUTEN

Zutaten

2 SEHR REIFE BANANEN
1 ZITRONE
125 G BUTTER
2 EIER
100 G ZUCKER
300 G MEHL
3 TL BACKPULVER
1 PRISE SALZ
1 TL ZIMT
½ TL GEMAHLENE VANILLE

Außerdem

2–3 EL ZIMT UND ZUCKER GEMISCHT

ZUBEREITUNG

1. Zuerst die Bananen mit einer Gabel zerdrücken und den Saft der Zitrone hinzugeben. Beides gut vermengen. Die Butter in einem Topf schmelzen lassen. Mit ein bisschen geschmolzener Butter die Ränder der Kastenform ausstreichen und unten einen Streifen Backpapier hineinlegen. Alle Zutaten in eine Schüssel geben und vermengen, bis ein geschmeidiger Teig entstanden ist.
2. Den Ofen auf 180 °C Ober- und Unterhitze vorheizen.
3. Den Teig in die Form füllen und mit Zimt und Zucker bestreuen. Das Bananenbrot nun ca. 45–50 Minuten backen. In der Form etwas auskühlen lassen und danach pur oder mit etwas Konfitüre bestrichen servieren.

GANZ EINFACHER APFEL-KUCHEN

24 CM

Für eine Springform mit 24 cm

ZUBEREITUNGSZEIT:
CA. 10 MINUTEN
BACKZEIT:
50 MINUTEN

Teig

3 EIER
125 G WEICHE BUTTER + ETWAS FÜR DIE FORM
200 G ZUCKER
250 G MEHL
½ PK. BACKPULVER
1 PRISE SALZ
½ TL VANILLE
200 ML MILCH
500 G ROTE ÄPFEL (CA. 3 STÜCK)

Topping

50 G BUTTER
50 G ZUCKER
100 G GESTIFTELTE ODER GEHOBELTE MANDELN
ZIMTSAHNE ZUM SERVIEREN (OPTIONAL)

Ein Rezept aus den 1920er-Jahren, das auch heute noch total up to date ist.

ZUBEREITUNG

1. Für den Teig alle Zutaten (bis auf die Äpfel) in eine Schüssel geben und zu einem geschmeidigen Teig verrühren. Der gefettete Boden einer Springform wird mit der Hälfte des Teiges bestrichen. Die Äpfel werden geschält, entkernt und in Scheiben darauf verteilt. Dann den Rest des Teiges auf den Äpfeln verteilen. Bei 180 °C Ober- und Unterhitze ca. 30 Minuten backen.
2. Dann die Butter mit dem Zucker und den Mandeln verkneten und auf dem Kuchen verteilen. Weitere ca. 20 Minuten backen, eine Garprobe machen, danach aus dem Ofen nehmen und auskühlen lassen. Wer mag, kann den Kuchen mit geschlagener Sahne mit etwas Zimt darin servieren.

APFELMUS-KUCHEN

Unglaublich saftiger Kuchen, ohne „klitsch" zu sein.

1 FORM

Für 1 Kastenform

ZUBEREITUNGSZEIT:
5 MINUTEN
BACKZEIT:
55 MINUTEN

Zutaten

250 G MEHL
½ PK. BACKPULVER
1 PK. BOURBON-VANILLEZUCKER
200 G ZUCKER
½ TL ZIMT
300 G APFELMUS
2 EIER
150 G WEICHE BUTTER + ETWAS FÜR DIE FORM

Topping

½ KLEINER APFEL
1 EL ZIMT-ZUCKER

ZUBEREITUNG

1. Alle Zutaten in eine Rührschüssel geben und zu einem glatten Teig verrühren.
2. Den Ofen auf 180 °C Ober- und Unterhitze vorheizen.
3. Eine Kastenform fetten und den Teig hineinfüllen. Einen halben kleinen Apfel entkernen, in Schnitze schneiden und auf dem Kuchen verteilen. Mit Zimt und Zucker bestreuen. Den Kuchen nun ca. 55 Minuten im Ofen backen. Garprobe machen, aus dem Ofen nehmen und etwas abkühlen lassen. Hierzu schmeckt eine Kugel Vanilleeis hervorragend.

KIRSCHLI-KUCHEN

Bei uns ein absoluter Familienliebling.

26 CM

Für eine Springform mit 26 cm

ZUBEREITUNGSZEIT:
CA. 10 MINUTEN
BACKZEIT:
30 MINUTEN

Zutaten

- **200 G MEHL**
- **½ PK. BACKPULVER**
- **1 PRISE SALZ**
- **¼ TL GEMAHLENE VANILLE**
- **175 G WEICHE BUTTER**
- **3 EIER**
- **100 G ZUCKER**
- **100 ML WASSER MIT KOHLENSÄURE**
- **200 G SCHOKOLADENSTREUSEL**
- **1 GLAS SAUERKIRSCHEN ODER SCHATTENMORELLEN**

ZUBEREITUNG

1. Den Ofen auf 180 °C Ober- und Unterhitze vorheizen.
2. Alle Zutaten – bis auf die Kirschen – in eine Schüssel geben und zu einem glatten Teig verrühren. Den Teig in eine mit Backpapier ausgelegte Springform geben und glattstreichen. Die Kirschen abtropfen lassen (Saft eventuell für eine Sauce auffangen) und auf dem Teig verteilen. Den Kuchen nun ca. 30 Minuten im Ofen backen. Garprobe machen und abkühlen lassen. Eventuell in der Zeit noch eine Kirschsauce zubereiten (siehe Tipp).

Tipp

Mit dem Kirschsaft einfach eine Kirschsauce zubereiten. Dafür den Saft auffangen, mit 2 EL Speisestärke aufkochen und warm zum Kuchen servieren.

Tipp

Wer einen schnelleren Kuchen backen will, halbiert das Rezept und backt einen Kuchen mit 20er-Durchmesser (Springform mit 20 cm) und nur ca. 30 Minuten Backzeit.

DER BESTE ZITRONEN-KUCHEN

Mein Vater aß jeden Morgen Zitronenkuchen zum Frühstück. Ich weiß auch genau, warum: einfach unwiderstehlich!

1 FORM

Für 1 Kastenform

ZUBEREITUNGSZEIT:
CA. 5 MINUTEN
BACKZEIT:
50 MINUTEN

Teig

- **250 G WEICHE BUTTER**
- **200 G ZUCKER**
- **¼ TL GEMAHLENE VANILLE**
- **1 PRISE SALZ**
- **6 EIER**
- **375 G MEHL**
- **3 TL BACKPULVER**
- **100 ML MILCH**
- **SCHALENABRIEB UND SAFT VON 2 BIO-ZITRONEN**

Außerdem

- **SAFT VON 1 BIO-ZITRONE**

Guss (optional)

- **SAFT VON 1–2 BIO-ZITRONEN**
- **CA. 300 G PUDERZUCKER**

ZUBEREITUNG

1. Alle Zutaten für den Teig in eine Schüssel geben und zu einem glatten Teig verrühren.
2. Den Ofen auf 180 °C Ober- und Unterhitze vorheizen.
3. Den Teig in eine mit Backpapier ausgelegte Kastenform geben und in den Ofen stellen. Den Kuchen ca. 50 Minuten backen. Garprobe machen, aus dem Ofen nehmen und den Saft von 1 Zitrone direkt über den heißen Kuchen geben. Einziehen lassen, den Kuchen abkühlen lassen und aus der Form stürzen. Wer möchte, kann noch einen Guss aus Zitronensaft und Puderzucker über den erkalteten Kuchen geben.

SCHNELLER KONDENSMILCH-KUCHEN

1 FORM

Für eine Gugelhupfform

ZUBEREITUNGSZEIT:
CA. 5 MINUTEN
BACKZEIT:
45–50 MINUTEN

Zutaten

50 G WEICHE BUTTER + ETWAS FÜR DIE FORM
1 EL ZUCKER
4 EIER
½ TL GEMAHLENE VANILLE
1 PRISE SALZ
½ PK. BACKPULVER
1 DOSE GEZUCKERTE KONDENSMILCH (Z. B. MILCHMÄDCHEN)
150 G MEHL

Außerdem

PUDERZUCKER ZUM BESTÄUBEN

Keine Milch im Haus, aber eine Dose Kondensmilch? Na, was für ein Glück!

ZUBEREITUNG

1. Alle Zutaten in eine Schüssel geben und zu einem glatten Teig verrühren.
2. Den Ofen auf 180 °C Ober- und Unterhitze vorheizen.
3. Eine Gugelhupfform ausfetten. Den Teig hineingeben und ca. 45–50 Minuten backen. Eine Garprobe machen und den Kuchen kurz in der Form auskühlen lassen. Dann stürzen und mit Puderzucker bestäubt servieren.

GRIEß-JOGHURT-KUCHEN

Wenn mal wieder die Mehl-regale leergekauft sind, kommt dieser Kuchen mit Grieß genau richtig.

OHNE MEHL

24–26 CM

Für eine Springform mit 24–26 cm

ZUBEREITUNGSZEIT:
CA. 5 MINUTEN
BACKZEIT:
40 MINUTEN

Zutaten

80 G WEICHE BUTTER
300 ML NATURJOGHURT
250 ML MILCH
3 EIER
200 G ZUCKER
300 G WEICHWEIZENGRIEß
½ PK. BACKPULVER
1 BIO-ZITRONE

Guss

4 GEHÄUFTE EL PUDERZUCKER
4 TL JOGHURT

ZUBEREITUNG

1. Alle Zutaten bis auf die Zitrone in eine Rührschüssel geben, die Zitrone heiß abwaschen, die Schale abreiben, den Saft auspressen und beides hinzugeben. Die Zutaten zu einem glatten Teig verrühren und in eine mit Backpapier ausgelegte Springform geben.
2. Den Ofen auf 180 °C Ober- und Unterhitze vorheizen und den Kuchen ca. 40 Minuten backen.
3. Eine Garprobe machen und den Kuchen kurz auskühlen lassen. Eventuell mit einer Mischung aus Puderzucker und Joghurt verzieren.

KONFETTI-KUCHEN FÜR KIDS

20 CM

Für 1 runde 20er-Backform

ZUBEREITUNGSZEIT:
CA. 5 MINUTEN
BACKZEIT:
30 MINUTEN

Zutaten

125 G WEICHE BUTTER + ETWAS FÜR DIE FORM
2 EIER
100 ML MILCH
100 G ZUCKER
250 G MEHL
½ PK. BACKPULVER
1 PRISE SALZ
SCHALENABRIEB VON 1 BIO-ZITRONE
2 EL BUNTE ZUCKERSTREUSEL

Guss (optional)

200 G PUDERZUCKER
SAFT VON ½ BIO-ZITRONE
CA. 1 EL BUNTE ZUCKER-STREUSEL

Absoluter Bringer auf jedem Kindergeburtstag und so schnell zubereitet. Nimmt Mama sehr viel Stress bei den Vorbereitungen!

ZUBEREITUNG

1. Alle Zutaten – bis auf die Zuckerstreusel – in eine Rührschüssel geben und zu einem glatten Teig vermengen. Dann die Streusel unterheben.
2. Den Ofen auf 180 °C Ober- und Unterhitze vorheizen.
3. Die Backform ausfetten und den Teig hineinfüllen. Die Form in den Ofen stellen und ca. 30 Minuten backen. Garprobe machen. Den Kuchen dann in der Form abkühlen lassen, stürzen und, wenn gewünscht, noch mit dem Zuckerguss aus Puderzucker und Zitronensaft übergießen und noch mehr bunte Zuckerstreusel darauf verteilen.

Tipp

Für 1 Kastenform das Rezept verdoppeln; die Backzeit ebenso.

BUCHTELN

Ja, auch Hefeteig können wir in unser 1-Stunde-Repertoire aufnehmen.

20 X 30 CM

Für 12 Buchteln bzw. eine Auflaufform mit 20 × 30 cm

ZUBEREITUNGSZEIT:
5 MINUTEN
GEHZEIT:
30 MINUTEN
BACKZEIT:
25 MINUTEN

Zutaten

250 ML MILCH
75 G BUTTER + ETWAS FÜR DIE FORM
50 G ZUCKER
½ TL GEMAHLENE VANILLE
1 PRISE SALZ
½ WÜRFEL HEFE ODER 1 PK. TROCKENHEFE
500 G MEHL
1 EI

Füllung

12 TL PFLAUMENMUS ODER KONFITÜRE NACH WAHL

Außerdem

PUDERZUCKER ZUM BESTÄUBEN
VANILLESAUCE ZUM SERVIEREN

ZUBEREITUNG

1. Als Erstes die Milch mit der Butter, dem Zucker, der Vanille und dem Salz in einen kleinen Topf geben und lauwarm erwärmen, bis die Butter geschmolzen ist. Die Hefe unter die lauwarme Flüssigkeit rühren und mit allen restlichen Zutaten in eine Schüssel geben und zu einem glatten Teig verkneten.
2. Eine Auflaufform mit Butter ausfetten und den Teig in 12 Teile aufteilen. Jeweils einen Teigling in die Hand nehmen und ca. handgroß ausbreiten. 1 TL Füllung hineingeben und den Teig über der Füllung verschließen. Die Buchtel nun mit der Naht nach unten in die Auflaufform setzen und mit den verbliebenen Teigstücken genauso verfahren. Die Auflaufform abdecken und 30 Minuten an einem warmen Ort gehen lassen.
3. Währenddessen den Ofen auf 200 °C Ober- und Unterhitze vorheizen und die Buchteln anschließend ca. 25 Minuten backen. Noch warm mit Puderzucker bestäubt und zusammen mit Vanillesauce servieren.

VANILLE-BLECH-KUCHEN

42 CM × 29 CM

Für ½ Backblech (42 cm × 29 cm Innendurchmesser)

ZUBEREITUNGSZEIT:
5 MINUTEN (BODEN) +
10–15 MINUTEN (CREME)
BACKZEIT:
25 MINUTEN

Zutaten

350 G MEHL
3 TL BACKPULVER
1 PRISE SALZ
200 G WEICHE BUTTER
200 G ZUCKER
4 EIER
¼ TL GEMAHLENE VANILLE
100 ML BUTTERMILCH
150 ML MILCH

Topping

VANILLEPUDDING AUS 500 ML MILCH (1 PK.)
400 ML SCHLAGSAHNE
200 G CRÈME FRAÎCHE
2 EL PUDERZUCKER
½ TL GEMAHLENE VANILLE
ZUCKERSTREUSEL ZUM BESTREUEN NACH GESCHMACK (OPTIONAL)

Dieser Blechkuchen braucht ein bisschen mehr Arbeit, wenn er mit Creme obendrauf zubereitet werden soll. Aber das Ergebnis ist es wert!

ZUBEREITUNG

1. Den Ofen auf 180 °C Ober- und Unterhitze vorheizen.
2. Alle Zutaten für den Teig in eine Rührschüssel geben und zu einem glatten Teig verrühren. Ein Backblech mit Backpapier auslegen und den Teig hineinstreichen. Die Form in den Ofen stellen und ca. 25 Minuten backen. Garprobe machen.
3. Während der Kuchen backt, schon mal den Vanillepudding kochen, in eine große Schüssel geben und auskühlen lassen. Wenn der Pudding erkaltet ist, diesen mit den restlichen Zutaten für das Topping (bis auf die Zuckerstreusel) in eine Rührschüssel geben und alles zusammen aufschlagen, bis eine cremige Masse entstanden ist.
4. Den Kuchen aus dem Ofen holen und auskühlen lassen. Mit dem Topping bestreichen und eventuell mit Zuckerstreuseln verzieren. In Stücke schneiden und servieren.

SCHOKOLADEN-BLECHKUCHEN

1 BACKBLECH

Für 1 Backblech

ZUBEREITUNGSZEIT:
CA. 5 MINUTEN (BODEN) +
10–15 MINUTEN (CREME)
BACKZEIT:
20 MINUTEN

Zutaten

100 G BACKKAKAO
250 G BUTTER
500 ML HEIẞES WASSER
150 G WEIẞER ZUCKER
150 G BRAUNER ZUCKER
450 G MEHL
2 TL BACKPULVER
1 TL NATRON
½ TL GEMAHLENE VANILLE
4 EIER

Topping

400 G ZARTBITTERSCHOKOLADE
300 ML SAHNE
ZUCKERSTREUSEL (OPTIONAL)

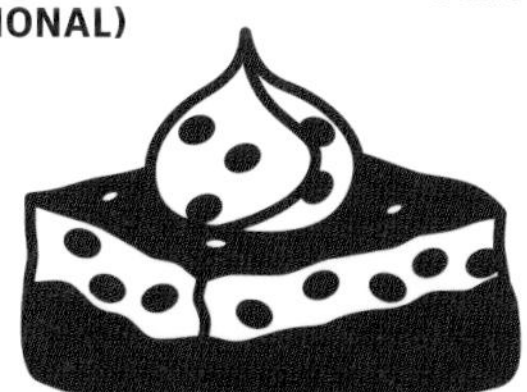

Saftiger Boden, schokoladige Ganache. Pure leckere Sünde! Der Boden heißt im Englischen nicht umsonst Devil's Food Cake ...

ZUBEREITUNG

1. Zuerst den Kakao und die Butter in einen Messbecher geben und das heiße Wasser darübergießen. Warten, bis sich die Butter aufgelöst hat. Dann alle Zutaten in eine Schüssel geben und alles zu einem glatten Teig verrühren.
2. Den Ofen auf 180 °C Ober- und Unterhitze vorheizen.
3. Ein Backblech mit Backpapier auslegen und den Teig daraufgießen. Alles glattstreichen und im Ofen ca. 20 Minuten backen. Garprobe machen und den Kuchen dann komplett erkalten lassen.
4. Nun die Zartbitterschokolade und die Sahne zusammen in einem Topf bei mittlerer Hitze schmelzen und verrühren. Die Ganache auf dem Kuchen verteilen und, wenn gewünscht, mit Zuckerstreuseln verzieren. In Stücke schneiden und servieren.

VERSUNKENER STREUSELKUCHEN

Streuselkuchen mal anders – streuselig lecker ohne Krümeln.

1 BACKBLECH

Für 1 Blech

ZUBEREITUNGSZEIT:
CA. 15 MINUTEN
BACKZEIT:
30 MINUTEN

Zutaten

250 G MEHL
½ PK. BACKPULVER
200 G ZUCKER
250 G WEICHE BUTTER
3 EL MILCH
5 EIER
SCHALE VON 1 BIO-ZITRONE

Streusel

150 G MEHL
1 TL BACKPULVER
150 G ZUCKER
150 G WEICHE BUTTER
50 G BACKKAKAO
1 EL MILCH

Außerdem

PUDERZUCKER ZUM BESTREUEN

ZUBEREITUNG

1. Zuerst den Teig zubereiten. Dafür alle Zutaten in eine Schüssel geben und zu einem glatten Teig vermengen. Den Teig auf ein mit Backpapier ausgelegtes Backblech geben und glattstreichen.
2. Jetzt den Ofen auf 180 °C Ober- und Unterhitze vorheizen.
3. Die Zutaten für die Streusel in eine Schüssel geben und mit der Hand krümelig verkneten. Die Streusel unregelmäßig über dem Teig verteilen und den Kuchen in den Ofen schieben und für ca. 30 Minuten backen. Nach dem Backen etwas auskühlen lassen und mit Puderzucker bestreut servieren.

BUTTERMILCH-KUCHEN MIT HIMBEEREN

Fruchtig trifft saftig. Die perfekte Kombination.

42 CM × 29 CM

Für ½ Backblech (42 cm × 29 cm Innendurchmesser)

ZUBEREITUNGSZEIT:
CA. 5–10 MINUTEN
BACKZEIT:
45 MINUTEN

Zutaten

225 G WEICHE BUTTER
200 G ZUCKER
½ TL GEMAHLENE VANILLE (ODER TONKA)
SCHALENABRIEB VON 1 BIO-ZITRONE
1 PRISE SALZ
3 EIER
300 G MEHL
3 TL BACKPULVER
150 ML BUTTERMILCH
400 G HIMBEEREN (TK)
PUDERZUCKER ZUM BESTÄUBEN (OPTIONAL)

ZUBEREITUNG

1. Den Backofen auf 180 °C Ober- und Unterhitze vorheizen.
2. Für den Teig alle Zutaten bis auf die Himbeeren in eine Rührschüssel geben und zu einem glatten Teig verrühren. Eine große Backform (oder ein halbes Backblech) mit Backpapier auslegen und den Teig hineinfüllen. Nun die Himbeeren obendrauf streuen und den Kuchen in den Ofen schieben. Ca. 45 Minuten backen. Garprobe machen und auskühlen lassen. Wenn gewünscht, mit etwas Puderzucker bestäuben und servieren.

Tipp

Keine Buttermilch im Haus? Kann man ersetzen! Dafür einfach 200 ml Naturjoghurt mit 50 ml Mineralwasser und 1 Spritzer Zitronensaft mischen.

TRES-LECHES-KUCHEN (DREIERLEI-MILCH-KUCHEN)

20 CM × 30 CM

Für eine Form mit 20 × 30 cm

ZUBEREITUNGSZEIT:
CA. 5 MINUTEN (BODEN) +
CA. 15 MINUTEN (TRÄNKEN ETC).
BACKZEIT:
25 MINUTEN

Teig

5 EIER
1 PRISE SALZ
120 G ZUCKER
125 G WEICHE BUTTER
¼ TL GEMAHLENE VANILLE
200 G MEHL
1 TL BACKPULVER
6 EL MILCH

Zum Tränken

1 DOSE GEZUCKERTE KONDENSMILCH (Z. B. MILCHMÄDCHEN)
200 ML KONDENSMILCH
300 ML MILCH

Topping

400 ML SAHNE
1–2 TL ZIMT

Dieser Klassiker aus lateinamerikanischen Ländern ist hier noch großteils unbekannt. Aber so gut, dass er unbedingt gekostet werden möchte.

ZUBEREITUNG

1. Als Erstes den Teig zubereiten. Dazu alle Zutaten in eine Rührschüssel geben und zu einem glatten Teig verrühren.
2. Den Ofen auf 180 °C Ober- und Unterhitze vorheizen.
3. Den Teig in eine mit Backpapier ausgelegte Form geben und glattstreichen. Den Kuchen nun 25 Minuten backen. Garprobe machen und den Kuchen aus dem Ofen nehmen.
4. Während der Kuchen backt, alle Zutaten für die Tränke vermengen. Den heißen Kuchen mit einem Holzstäbchen überall einstechen und die Tränke nach und nach darübergeben. Einziehen lassen.
5. Dann die Sahne aufschlagen und über dem etwas abgekühlten Kuchen verteilen. Mit Zimt bestreuen und servieren. Im Kühlschrank aufbewahren.

Tipp

Der Kuchen lässt sich super vorbereiten, denn er schmeckt durchgezogen noch besser.

COOKIES VOM BLECH

Die gehen weg wie warme Semmeln …

1 BACKBLECH

Für 1 Blech

ZUBEREITUNGSZEIT:
CA. 15 MINUTEN
BACKZEIT:
30 MINUTEN

Zutaten

350 G BUTTER
200 G WEIßER ZUCKER
200 G BRAUNER ZUCKER
2 EIER
1 PRISE SALZ
½ TL GEMAHLENE VANILLE
440 G MEHL

Außerdem

TOPPINGS NACH GESCHMACK, Z. B. HAFERFLOCKEN UND ROSINEN, ERDNUSSBUTTER, WEIßE SCHOKOLADE UND MACADAMIANÜSSE, ETWAS KAKAOPULVER UND SCHOKOLADENSTÜCKE, NUR SCHOKOLADENTROPFEN ODER KARAMELLTROPFEN

ZUBEREITUNG

1. Für diese leckeren Cookies vom Blech werden alle Zutaten (bis auf die Toppings) zusammen in eine Schüssel gegeben und verknetet. Den Teig dann in 6 Teile aufteilen und jeweils ca. 1–2 EL gewünschtes Topping unterkneten. Den Teig dann in Quadraten auf das Backblech legen.
2. Wenn der ganze Teig verarbeitet ist, den Ofen auf 180 °C Ober- und Unterhitze vorheizen und die Kekse 30 Minuten backen.
3. Die Kekse sofort, wenn sie aus dem Ofen kommen und noch weich sind, in mundgerechte Stücke schneiden. Wenn sie erkaltet sind, krümeln sie beim Schneiden zu sehr.

SCHNELLE STREUSELTALER

8 TALER

Für 8 Stück

ZUBEREITUNGSZEIT:
CA. 15 MINUTEN
BACKZEIT:
20 MINUTEN

Teig

250 G MAGERQUARK
6 EL SONNENBLUMENÖL
6 EL MILCH
400 G MEHL
½ PK. BACKPULVER
2 EL ZUCKER
½ TL SALZ

Streusel

250 G BUTTER
200 G ZUCKER
400 G MEHL
½ TL GEMAHLENE VANILLE
SCHALENABRIEB UND SAFT VON 1 BIO-ZITRONE
1 PRISE SALZ

Außerdem

BEEREN, Z. B. JOHANNISBEEREN (OPTIONAL)

Bei diesem Rezept ist der Trick, einen Quark-Öl-Teig statt eines Hefeteigs zu verwenden. Geht schneller und schmeckt quasi genauso.

ZUBEREITUNG

1. Zuerst alle Zutaten für den Teig in eine Schüssel geben und verkneten. Daraus 8 Teile abstechen, jeweils rund ca. 3 cm dick ausrollen und auf zwei mit Backpapier ausgelegte Backbleche legen.
2. Die Zutaten für die Streusel in die Schüssel geben und leicht verkneten. Die Streusel auf dem Quark-Öl-Teig verteilen und z. B. frische Johannisbeeren darauf verteilen.
3. Den Ofen auf 180 °C Ober- und Unterhitze (bei einem Blech) oder Heißluft (bei zwei Blechen) vorheizen und ca. 20 Minuten backen. Lauwarm servieren.

DER BESTE BUTTERKUCHEN

Biss für Biss pure Kindheitsglücksgefühle

42 CM × 29 CM

Für ½ Backblech (42 cm × 29 cm Innendurchmesser)

ZUBEREITUNGSZEIT:
10 MINUTEN
GEHZEIT:
30 MINUTEN
BACKZEIT:
18–20 MINUTEN

Boden
½ WÜRFEL HEFE
50 G ZUCKER
250 ML MILCH
2 EIER
100 G WEICHE BUTTER
½ TL GEMAHLENE VANILLE
500 G MEHL

Belag
100 G BUTTER
60 G ZUCKER
100 G MANDELBLÄTTCHEN

ZUBEREITUNG

1. Zuerst den Teig herstellen. Dafür die Hefe mit dem Zucker und der Milch (am besten leicht erwärmt) in eine Rührschüssel geben und die Hefe darin auflösen. Dann die restlichen Zutaten dazugeben und gut durchkneten. Den Teig auf ein mit Backpapier ausgelegtes halbes Backblech legen und mit einem kleinen Roller oder einem Silikonspatel in der Form verteilen. Den Teig abgedeckt 30 Minuten gehen lassen.
2. Dann den Ofen auf 200 °C Ober- und Unterhitze vorheizen. Die Butter für den Belag in Würfel schneiden und Kuhlen in den Kuchen drücken. Die Butterstücke hineinsetzen. Den Kuchen mit Zucker und Mandelblättchen bestreuen und dann ca. 18–20 Minuten backen. Schmeckt am Tag des Backens am besten, kann aber gut am nächsten Tag nochmal aufgebacken werden im Ofen (180 °C Ober- und Unterhitze, 10 Minuten).

42 CM × 29 CM

Für ½ Blech (42 cm x 29 cm Innendurchmesser)

ZUBEREITUNGSZEIT: CA. 20 MINUTEN
BACKZEIT: 40 MINUTEN

Boden

250 G MAGERQUARK
6 EL SONNENBLUMENÖL
6 EL MILCH
400 G MEHL
½ PK. BACKPULVER
2 EL ZUCKER
½ TL SALZ

Optional

4 STANGEN RHABARBER
300 G ERDBEEREN

Streusel

250 G BUTTER
200 G ZUCKER
400 G MEHL
½ TL GEMAHLENE VANILLE
SCHALENABRIEB UND SAFT VON 1 BIO-ZITRONE
1 PRISE SALZ

Guss

100 ML SAHNE
75 G BUTTER
2 EL ZUCKER

OMAS SCHLESISCHER

STREUSEL-KUCHEN

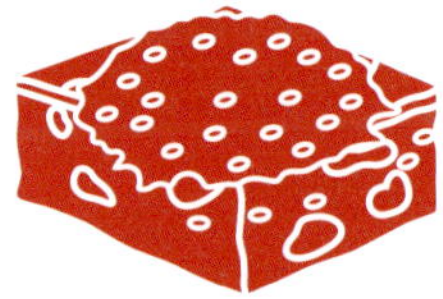

Ob mit Obst oder ohne Obst: Jeder liebt ihn.

ZUBEREITUNG

1. Zuerst den Teig zubereiten. Dafür alle Zutaten in eine Rührschüssel geben und durchkneten. Diesen Teig dann in der mit Backpapier ausgelegten Form auslegen (um es euch leichter zu machen, könnt ihr ihn einfach auf die Größe mit einem Nudelholz ausrollen).
2. Jetzt optional das Obst ggf. schälen, klein schneiden und auf dem Boden verteilen.
3. Nun alle Zutaten für die Streusel in die Schüssel geben und verkneten, bis ein krümeliger Teig entstanden ist. Die Streusel auf dem Boden verteilen und den Ofen auf 180 °C Ober- und Unterhitze vorheizen. Den Kuchen nun ca. 40 Minuten backen.
4. Kurz vor Ende der Backzeit die Zutaten für den Guss in einen Topf geben und aufkochen lassen. Vorsicht: Der Guss kann anbrennen. Den Kuchen aus dem Ofen holen und den Guss noch über den heißen Kuchen gießen. Auskühlen lassen und servieren.

PAVLOVA MIT BEEREN

Man kann diesen Baiserkranz super am Tag vorher machen und dann – kurz bevor der Besuch kommt – nur noch Sahne aufschlagen und ihn mit Beeren belegen. Er ist immer eine Augenweide.

Für ca. 6 Portionen

ZUBEREITUNGSZEIT:
CA. 5 MINUTEN
BACKZEIT:
CA. 55–60 MINUTEN

Zutaten

4 EIWEIẞ
280 G ZUCKER
½ TL GEMAHLENE VANILLE
1 TL ESSIG
1 TL SPEISESTÄRKE

Außerdem

400 ML SAHNE
FRISCHE BEEREN DER SAISON

ZUBEREITUNG

1. Den Backofen auf 180 °C Ober- und Unterhitze vorheizen.
2. Alle Zutaten für die Pavlova in eine Rührschüssel geben und so lange aufschlagen, bis die Masse weiß, standfest und voluminös ist und die Spitzen stehen bleiben, wenn man das Rührgerät herausnimmt. Die Masse dann auf ein mit Backpapier ausgelegtes Backblech geben und in einem Kreis gleichmäßig verstreichen, bis die Masse noch ca. 3 cm hoch ist. Die Temperatur des Ofens auf 100 °C herunterdrehen und die Pavlova hineinschieben und ca. 1 Stunde backen, bis sie außen fest und knusprig ist. Aus dem Ofen nehmen und abkühlen lassen.
3. Dann die Sahne aufschlagen und auf den Baiserkreis geben. Mit frischen Beeren belegen und servieren. Kann einen Tag im Kühlschrank aufbewahrt werden, verliert dann aber seine Knusprigkeit.

Tipp

Man kann die Eiweißmasse auch einfach in kleinere Kreise auf ein Backpapier aufspritzen. Einfach nach dem Erkalten vom Blech nehmen, in einer luftdichten Box aufbewahren und kurz vor dem Servieren belegen.

BANOFFEE-GALETTE

So einfach, aber so lecker.

Für ca. 4 Portionen

**ZUBEREITUNGSZEIT:
5 MINUTEN
BACKZEIT:
CA. 25–30 MINUTEN**

Zutaten

**1 PK. BLÄTTERTEIG (KÜHLREGAL)
4–5 BANANEN
SAFT VON ½ BIO-ZITRONE
1 PRISE ZIMT**

Karamellsauce (alternativ fertige Karamellsauce verwenden)

**100 G BUTTER
100 G BRAUNER ZUCKER
100 ML SAHNE**

Außerdem

**2–3 EL BANANENCHIPS
1 BANANE
VANILLEEIS ODER GESCHLAGENE SAHNE**

ZUBEREITUNG

1. Den Ofen auf 180 °C Ober- und Unterhitze vorheizen.
2. Für diese Galette wird zuerst der Blätterteig auf einem mit Backpapier belegten Backblech ausgelegt. Rundherum ca. 1 cm Rand leicht einschneiden. Dann die Bananen in mitteldicke Scheiben schneiden und mit Zitronensaft und Zimt beträufeln/bestäuben. Durchmengen und auf dem Blätterteig verteilen. Ca. 25–30 Minuten im Ofen backen.
3. In der Zwischenzeit alle Zutaten für die Karamellsauce in einen Topf geben und zuerst mit starker Hitze aufkochen lassen und dann nur noch köcheln, bis die Masse merklich dicker wird. Immer mal wieder rühren, damit sie nicht anbrennt. Sollte sich beim Abkühlen das Fett abtrennen, das Karamell mit etwas Milch vermengen und wieder leicht erwärmen.
4. Die Galette aus dem Ofen nehmen, mit Bananenchips und ein paar frischen Bananenscheiben belegen und mit der Karamellsauce beträufeln. Noch warm servieren. Optional mit Vanilleeis oder geschlagener Sahne vervollständigen.

BLÄTTERTEIG-TEILCHEN

Hast du eine Rolle Blätterteig und ein bisschen Obst im Haus? Super, denn diese Teilchen hier versüßen jeden Nachmittagskaffee.

10 TEILCHEN

Für ca. 10 Stück

ZUBEREITUNGSZEIT:
CA. 5 MINUTEN
BACKZEIT:
15 MINUTEN

Zutaten

1 ROLLE BLÄTTERTEIG (KÜHLREGAL)
125 G QUARK (20 ODER 40 %)
2 EL ZUCKER
1 EI
½ PK. VANILLEPUDDINGPULVER

Außerdem

10 TL KONFITÜRE NACH GESCHMACK, Z. B. ERDBEER (OPTIONAL)
FRISCHE BEEREN UND OBST NACH SAISON UND GESCHMACK

ZUBEREITUNG

1. Zuerst den Blätterteig ausrollen und in 10 etwa gleich große Rechtecke schneiden. Dann den Quark mit dem Zucker, dem Ei und dem Vanillepuddingpulver verrühren. Bei den Teiglingen am Rand innen mit einem Messer entlang fahren und leicht rundherum ca. 1 cm Rand einschneiden. Die Teiglinge auf ein mit Backpapier ausgelegtes Backblech legen. Nun ca. 1 EL der Quarkmasse auf jedem Teigling verteilen und dann – wenn gewünscht – noch 1 TL Konfitüre auf jedes Teil geben.
2. Den Ofen auf 180 °C Ober- und Unterhitze vorheizen und die Teilchen ca. 15 Minuten backen, bis der Teig am Rand goldbraun wird. Die Blätterteigteilchen aus dem Ofen holen und kurz abkühlen lassen. Mit Beeren und Obst nach Geschmack belegen und servieren.

PASTÉIS DE NATA

12 STÜCK

Für 12 Stück

ZUBEREITUNGSZEIT:
CA. 15 MINUTEN
BACKZEIT:
25 MINUTEN

Teig

1 ROLLE XL-BLÄTTERTEIG ODER 2 NORMALE ROLLEN

Füllung

1 EI (GRÖßE L)
2 EIGELB (GRÖßE L)
120 G ZUCKER
2 EL SPEISESTÄRKE
200 ML SAHNE
200 ML VOLLMILCH
1 PRISE GEMAHLENE VANILLE

Außerdem

ETWAS PUDERZUCKER UND ZIMT ZUM BESTREUEN

Ich aß mich auf meiner Hochzeitsreise durch sämtliche Bäckereien Lissabons und kann sagen: Meine Pastéis schmecken mindestens genauso gut. Auch wenn ein kleiner Trick dabei ist.

ZUBEREITUNG

1. Als Erstes den Blätterteig entrollen, der Länge nach in der Mitte durchschneiden, beide Teile übereinanderlegen und wieder aufrollen. Die Rolle in 12 Teile schneiden. Eine Muffinform leicht ausfetten und die Stücke mit einer Schnittfläche nach unten zwischen den Handflächen plattdrücken und in die Vertiefung legen. Eventuell noch etwas nach oben ziehen, damit der Teig bis zum oberen Ende der Form reicht.
2. Nun den Ofen auf 200 °C Ober- und Unterhitze vorheizen.
3. Alle Zutaten für die Füllung in einen Topf geben und unter ständigem Rühren aufkochen. Dann jeweils 3–4 TL Pudding in die Förmchen geben und das Blech in den Ofen schieben. Die Pastéis nun ca. 25 Minuten backen – braune und schwarze Punkte auf dem Pudding sind dabei gewollt. Die Pastéis auskühlen lassen, bis sie nur noch lauwarm sind, und mit Puderzucker und etwas Zimt bestäubt servieren. Eventuell bei 180 °C nochmals 10 Minuten aufbacken, falls sie komplett erkaltet sind.

SCHNELLER

KAISER-SCHMARRN

Es muss ja nicht immer Kuchen sein, oder? Das hier ist der beste Kaiserschmarrn, den ich je gegessen habe. Ohne Eiweiß aufschlagen, ohne Klimbim. Schmeckt original wie auf einer Hütte in den Alpen!

Für 4 Portionen

ZUBEREITUNGSZEIT:
5 MINUTEN
BACKZEIT:
CA. 10 MINUTEN

Zutaten

50 G BUTTERSCHMALZ ODER BUTTER
400 ML MILCH
200 G MEHL
1 PRISE SALZ
5 EIER
2 EL ROSINEN

Außerdem

1 EL ZUCKER
ETWAS PUDERZUCKER
APFEL- ODER ZWETSCHGENMUS ETC. ALS BEILAGE

ZUBEREITUNG

1. Als Erstes den Ofen auf 220 °C (nur Grillfunktion!) vorheizen.
2. Dann das Butterschmalz oder die Butter in einer ofenfesten Pfanne (ca. 28 cm Durchmesser) schmelzen. Währenddessen die Milch, das Mehl und das Salz in einer Schüssel mit einem Schneebesen klumpenfrei verrühren. Die Eier dazugeben und unterrühren (nicht zu lange schlagen, nur zu einem geschmeidigen Teig verrühren).
3. Die Masse nun in die Pfanne geben, die Rosinen darüberstreuen und bei mittlerer Hitze ca. 2–3 Minuten goldbraun anbraten. Dann den Schmarrn vierteln und die Viertel mit einem Pfannenwender umdrehen. Nochmals ca. 2–3 Minuten weiterbraten.
4. Nun den Zucker auf dem Schmarrn verteilen und die Pfanne für 3–4 Minuten in den Ofen schieben zum Karamellisieren. Dann den Teig mit zwei Löffeln auseinanderpflücken und mit Puderzucker bestreut und Apfel- oder Zwetschgenmus servieren.

NO-MESS-WAFFELN

Die machen wirklich nicht mal das Waffeleisen dreckig.

Für 4–6 Portionen

ZUBEREITUNGSZEIT:
CA. 5 MINUTEN
BACKZEIT PRO WAFFEL:
CA. 3–4 MINUTEN

Zutaten

200 G WEICHE BUTTER
200 G ZUCKER
5 EIER
300 ML BUTTERMILCH ODER MILCH
1 PRISE SALZ
500 G MEHL
1 PK. BACKPULVER
½ TL GEMAHLENE VANILLE
KIRSCHEN AUS DEM GLAS ZUM SERVIEREN (OPTIONAL)

ZUBEREITUNG

1. Alle Zutaten in eine Rührschüssel geben und alles zu einem glatten Teig verrühren.
2. Den Teig portionsweise in einem Waffeleisen ausbacken. Die Waffeln auf einem Gitter auskühlen lassen. Mit z. B. heißen Kirschen servieren.

COOKIES MIT SPRINKLES

Meine liebsten Kinder-backen-mit-Cookies. Einfach, lecker und das Rollen in den Sprinkles macht den Kindern sehr viel Spaß.

30 STÜCK

Für ca. 30 Stück

ZUBEREITUNGSZEIT:
5 MINUTEN (TEIG) +
CA. 15 MINUTEN
(VERZIEREN MIT KINDERN)
BACKZEIT:
10 MINUTEN

Zutaten

375 G MEHL
2 TL BACKPULVER
½ TL SALZ
200 G ZUCKER
250 G WEICHE BUTTER
60 G FRISCHKÄSE NATUR
1 EI
½ TL GEMAHLENE VANILLE
EVTL. ETWAS GERIEBENE TONKABOHNE ODER 2–3 TROPFEN BITTERMANDELAROMA
CA. 200 G BUNTE ZUCKERSTREUSEL ZUM VERZIEREN

ZUBEREITUNG

1. Als Erstes den Teig zubereiten. Dafür alle Zutaten in eine Schüssel geben und verkneten, bis ein geschmeidiger Teig entstanden ist.
2. Den Ofen dann auf 180 °C Ober- und Unterhitze vorheizen und jeweils 1 TL Teig zu einem Bällchen rollen.
3. Die Sprinkles in einen tiefen Teller geben und die Bällchen darin rollen, etwas plattdrücken und mit Abstand auf ein mit Backpapier belegtes Backblech legen. So lange fortfahren, bis der ganze Teig aufgebraucht ist.
4. Die Kekse nun ca. 10–12 Minuten backen – sie können ruhig noch hell sein. Die Kekse auf einem Kuchengitter auskühlen lassen und luftdicht verpackt aufbewahren.

40 STÜCK

Für ca. 40 Cookies

ZUBEREITUNGSZEIT:
CA. 15 MINUTEN
BACKZEIT:
15 MINUTEN

Zutaten

225 G WEICHE BUTTER
100 G WEIẞER ZUCKER
125 G BRAUNER ZUCKER
2 EIER
1 TL GEMAHLENE VANILLE
1 PRISE SALZ
300 G MEHL
1 TL BACKPULVER

Außerdem (z. B.)

100 G ZARTBITTERSCHOKOLADENTROPFEN (ODER EINE MISCHUNG AUS TROPFEN, CHUNKS UND GEHACKTER SCHOKOLADE)
100 G M & M'S (MIT ERDNUSSBUTTER)
150 G GESALZENE RIFFEL-CHIPS
100 G SALZBREZELN

SWEET & SALTY COOKIES

Alles in einem – was will man mehr?

ZUBEREITUNG

1. Alle Zutaten für den Teig in eine Schüssel geben und zu einem glatten Teig vermengen.
2. Dann alle Zutaten für außen in eine Ziplocktüte geben, auf eine glatte Fläche legen und mit einem Nudelholz darüberfahren, bis alles klein und krümelig ist. Die Kekse nun portionsweise zu Kugeln formen, diese in der Chipsmischung wälzen und etwas plattgedrückt auf ein mit Backpapier ausgelegtes Backblech legen. Etwas Platz zwischen den Kugeln lassen, denn sie verlaufen im Ofen noch.
3. Den Ofen auf 180 °C Ober- und Unterhitze vorheizen und die Kekse ca. 15 Minuten backen, auf einem Gitter auskühlen lassen und luftdicht verpackt aufbewahren.

Tipp

Diese Cookies eignen sich sehr gut zur Resteverwertung von übrig gebliebenen Chips, Schokoladenlinsen etc.

GOD
SAVE THE
QUEEN

EARL GREY SHORTBREAD

Mein allerliebstes Shortbread. Ein original schottisches Rezept – so einfach und so gut!

22 X 22 CM

Für eine Form mit 22 × 22 cm und Hebeboden

ZUBEREITUNGSZEIT:
5 MINUTEN
BACKZEIT:
20–30 MINUTEN

Zutaten

125 G ZUCKER
250 G BUTTER
375 G MEHL
1 PRISE SALZ
1 TL LOSE EARL-GREY-TEEBLÄTTER (OPTIONAL)

ZUBEREITUNG

1. Alle Zutaten in eine Schüssel geben und so lange verkneten, bis ein geschmeidiger Teig entstanden ist (dauert etwas).
2. Den Ofen auf 160 °C Ober- und Unterhitze vorheizen.
3. Den Teig in eine Form mit Hebeboden (wichtig!) geben und gleichmäßig plattdrücken. Das Shortbread nun 20–30 Minuten backen – es sollte leicht braun an den Ecken sein.
4. Das Shortbread aus dem Ofen nehmen und sofort in der Form noch in mundgerechte Stücke schneiden und mit einer Gabel einstechen (für ein traditionelles Aussehen). Das Shortbread auskühlen lassen und aus der Form nehmen. In einer luftdichten Dose aufbewahren.

REGISTER

S

T

V

Z

DANKSAGUNG

Ich möchte Danke sagen – und zwar meiner Mutter, die immer für mich da ist und mir immer ein leuchtendes Beispiel dafür ist, dass man an sich selbst glauben muss und sich niemals unterkriegen lassen darf. *Danke.*

Meinem Mann – Du bist der Wind unter meinen Flügeln und mit niemand anderem möchte ich dieses Leben teilen. Du bist mein Fels, meine Inspiration und meine große Liebe. *Danke.*

Und meinem kleinen Sohn Carl – Du hast mich und mein Leben verändert und die unglaubliche Liebe zu dir kann ich nicht in Worte fassen. Du bist der Grund, warum meine Welt bunter und mein Leben liebevoller geworden ist. Lebe deine Träume, kleiner Mann.

DIE AUTORIN

Christina Heß, Jahrgang 1990 aus Kassel, im echten Leben Bürofee bei der Justiz, ist seit 2012 Foodbloggerin aus Leidenschaft. Neben ihrem Blog, dem Bücherschreiben und ihrer Familie liebt sie Heavy-Metal-Musik, das englische Königshaus, die Natur und natürlich das Reisen. Sie ist seit 2020 Mutter eines Sohnes und verwöhnt liebend gerne nicht nur die Familie, sondern auch Freunde, Kollegen und Nachbarn mit allerlei Gekochtem und Gebackenem. Auf ihrem Blog »Christina macht was« schreibt und berichtet sie über all die Dinge, die ihr schmecken, und nimmt auch bei anderen Themen kein Blatt vor den Mund.

BITTE BEACHTEN SIE AUCH DIESE TITEL VON CHRISTINA HEß:

Christina Heß
Herbstliebe
Wohlfühlrezepte für neblige Morgen und kühle Tage

19 × 24 cm, 160 Seiten, ISBN 978-3-7995-1473-6

Wenn die Tage kürzer werden und es draußen wieder kälter wird, machen wir es uns drinnen gemütlich! Wir laden Gäste zum Brunch ein, machen uns kuschelige Abende auf dem Sofa mit leckerem Soulfood, feiern Halloween mit gruseligen Partyhäppchen oder genießen draußen bei einer Wanderung mit Snacks im Rucksack die letzten warmen Sonnenstrahlen. Dieses Buch vereint die besten vegetarischen Rezepte, die noch mehr Lust darauf machen, den Herbst in jeder Hinsicht zu genießen.

Christina Heß
Weihnachten vegetarisch

19 × 24 cm, 136 Seiten, ISBN 978-3-7995-1216-9

Weihnachten ist die schönste Zeit im Jahr! Endlich darf einmal ganz ohne schlechtes Gewissen hemmungslos geschlemmt werden. Hier gehört bei den meisten Familien auch ein Festtagsbraten auf den Tisch. Doch es geht auch anders! Ohne Fleisch, dafür mit vielen leckeren winterlich-weihnachtlichen Gemüserezepten. Neben herzhaften Rezepten, wie panierten Schwarzwurzeln, leckerem Paprikabaguette oder Wachteleiern in Quinoa-Kruste, gibt es auch noch viele süße Leckereien für den Weihnachtsteller, wunderbare Wintercocktails und leichte, sogenannte »Post-Foodcoma-Rezepte« für die Zeit nach den Feiertagen.